# Olivier DEMARLE

Olivier DEMARLE est titulaire du Titre Professionnel de Comptable Assistant de niveau Bac.

Passionné de lecture, il s'intéresse, depuis plusieurs années, à l'écriture. Il a donc décidé d'écrire des livres sur divers thèmes et divers genres littéraires.

# Temps et productivité :
# les stratégies gagnantes

# Du même auteur

## Chez Amazon

L'auteur a publié des carnets de musique à remplir.

# ESSAI

Olivier DEMARLE

# Temps et productivité :
# les stratégies gagnantes

**Titre original -**

**Temps et productivité : les stratégies gagnantes**

Le Code de la propriété intellectuelle n'autorisant, aux termes de l'article L. 122-5, 2° et 3° a, d'une part, que les « copies ou reproductions strictement réservées à l'usage privé du copiste et non destinées à une utilisation collective » et, d'autre part, que les analyses et les courtes citations dans un but d'exemple et d'illustration, « toute représentation ou reproduction intégrale ou partielle faite sans le consentement de l'auteur ou de ses ayants droit ou ayants cause est illicite » (art. L. 122-4).

Cette représentation ou reproduction, par quelque procédé que ce soit, constituerait donc une contrefaçon, sanctionnée par les articles L. 335-2 et suivants du Code de la propriété intellectuelle.

**Code ISBN :** 9798378467136

DEMARLE Olivier - 34 rue Maréchal Foch - 59100 ROUBAIX
Imprimé par Amazon
Prix de vente TTC en euros : 8,49 € TTC
Date de Dépôt Légal – le 25 février 2023
Design couverture : Couverture faite sur Canva : https://www.canva.com

# Introduction

Bienvenue dans ce livre sur la gestion du temps et la productivité ! Nous sommes tous à la recherche de moyens pour mieux utiliser notre temps, pour être plus efficaces dans nos tâches quotidiennes, et pour atteindre nos objectifs. Mais comment faire pour y arriver ?

La gestion du temps et la productivité sont des compétences clés pour réussir dans tous les domaines de notre vie. Que ce soit au travail, à la maison ou dans nos loisirs, nous avons tous des tâches à accomplir et des objectifs à atteindre. Et pour y arriver, il est essentiel de savoir gérer notre temps de manière efficace.

Malheureusement, il n'est pas toujours facile de maîtriser notre temps. Nous sommes souvent accablés par les distractions, les interruptions, et les tâches qui s'accumulent. Nous avons l'impression de courir après le temps, sans jamais réussir à rattraper le retard.

Cet essai a pour but de vous aider à surmonter ces difficultés. Il vous propose des stratégies concrètes et des outils pour améliorer votre productivité, et pour mieux gérer votre temps. Il vous apprendra à définir vos objectifs, à utiliser des techniques de productivité efficaces, à éliminer les distractions et à gérer votre énergie.

## Introduction

Avec les conseils et les astuces que vous trouverez dans cet essai, vous pourrez enfin maîtriser votre temps, et atteindre vos objectifs plus efficacement. Alors, prêt à devenir maître de votre temps ? C'est parti !

## Chapitre 1 – Définir ses objectifs

Avant de commencer à gérer son temps, il est important de savoir ce que l'on veut accomplir. C'est pourquoi le premier pas pour une gestion efficace du temps est de définir clairement ses objectifs. Il existe deux types d'objectifs :

- Les objectifs à long terme : il s'agit des rêves ou des aspirations à réaliser comme l'obtention d'un diplôme, l'acquisition d'une maison, etc.

- Les objectifs à court terme : ce sont des étapes à réaliser comme la rédaction d'un mémoire, la recherche d'un prêt, etc.

Il est important de définir ses objectifs à la fois à long terme et à court terme. Car cela vous aidera à savoir où vous allez et ce que vous devez faire pour y arriver. Il est également important de les écrire, de les afficher, de les partager, pour vous rappeler régulièrement vos aspirations et vos projets.

Une fois que vous avez défini vos objectifs, vous pouvez commencer à hiérarchiser vos tâches en fonction de leur importance et de leur urgence. Les tâches importantes sont celles qui contribuent directement à l'atteinte de vos objectifs, tandis que les tâches urgentes sont celles qui doivent être faites immédiatement. Cette hiérarchisation vous aidera à vous concentrer sur les tâches qui ont le plus de valeur pour vous, et à

## Définir ses objectifs

éviter de perdre du temps sur des tâches qui ne sont pas importantes.

En résumé, définir ses objectifs est un élément clé pour une gestion efficace du temps. Cela vous permettra de savoir où vous voulez aller, et de planifier les étapes pour y arriver. N'oubliez pas que définir ses objectifs est une étape récurrente qui vous permet de vous remémorer vos aspirations, de les réajuster ou de les remplacer par de nouveaux.

## Chapitre 2 – Utiliser des techniques de productivité

Maintenant que vous savez ce que vous voulez accomplir et que vous avez hiérarchisé vos tâches, il est temps de passer à l'action ! Et pour être efficace dans vos actions, il est important d'utiliser des techniques de productivité.

Il existe de nombreuses techniques de productivité disponibles, chacune ayant ses propres avantages et inconvénients. Parmi les plus populaires, on peut citer :

- La méthode Pomodoro[1] : elle consiste à travailler pendant 25 minutes, puis à faire une pause de 5 minutes. Cette technique permet de se concentrer sur une tâche à la fois, et de limiter les distractions.

- La méthode GTD (Getting Things Done)[2] : elle consiste à décomposer ses tâches en petites actions, à les planifier et à les suivre. Cette technique permet de gérer efficacement ses tâches et de ne rien oublier.

- La matrice d'Eisenhower[3] : elle consiste à classer les tâches selon leur importance et leur urgence. Cette technique permet de prioriser les tâches les plus importantes et les plus urgentes.

Il est important de noter que ces techniques ne sont pas les seules et qu'il existe d'autres méthodes pour gérer son temps. Il est

Utiliser des techniques de productivité

nécessaire de les essayer pour savoir celle qui s'adapte le mieux à vous et à votre mode de fonctionnement.

Il est également important de noter qu'il n'y a pas de technique parfaite qui conviendra à tout le monde. Il faut donc tester différentes méthodes pour trouver celle qui convient le mieux à vos besoins et à votre style de travail.

En résumé, les techniques de productivité sont des outils précieux pour améliorer votre efficacité et votre productivité. Il est important de les tester et de les adapter à vos besoins pour en tirer le meilleur parti. N'hésitez pas à expérimenter différentes méthodes et à les combiner pour trouver celle qui vous convient le mieux.

## Chapitre 3 – Éliminer les distractions

Nous savons tous à quel point les distractions peuvent être nuisibles pour notre productivité. Il est facile de se laisser distraire et de perdre du temps, que ce soit par les notifications de notre téléphone, par les courriels, par les réseaux sociaux, par les conversations inutiles, par les bruits de fond, etc. Pour éliminer les distractions, il est important de comprendre d'où elles viennent.

Certaines distractions peuvent être évitées en les bloquant ou en les limitant. Par exemple, vous pouvez utiliser des applications pour bloquer les sites de réseaux sociaux pendant que vous travaillez, ou vous pouvez mettre votre téléphone en mode silencieux pour éviter les notifications.

Il est également important de créer un environnement de travail favorable. Essayez de travailler dans un endroit calme et bien éclairé, avec un ordinateur de bureau ou portable ergonomique. Si vous travaillez à la maison, essayez de délimiter un espace de travail dédié, où vous serez moins tenté de vous distraire.

Il est nécessaire de gérer les distractions de façon proactive, c'est-à-dire de planifier des moments de pause pour répondre à vos courriels, consulter les réseaux sociaux, plutôt que de le faire continuellement. Cela vous permettra de vous concentrer sur vos tâches à accomplir.

### Éliminer les distractions

En résumé, les distractions peuvent facilement nuire à votre productivité. Pour éliminer les distractions, il est important de comprendre d'où elles viennent et de les bloquer ou de les limiter. L'important est de créer un environnement de travail favorable et de gérer les distractions de façon proactive. Si vous êtes conscient des distractions et si vous les gérez efficacement, vous pourrez vous concentrer sur vos tâches et améliorer votre productivité.

## Chapitre 4 – Gérer son énergie

Jusqu'à présent, nous avons discuté de la nécessité de définir ses objectifs, d'utiliser des techniques de productivité et d'éliminer les distractions pour améliorer sa productivité. Mais il y a un autre élément important à prendre en compte : la gestion de son énergie.

Il est important de comprendre que notre énergie est limitée. Il est donc nécessaire de l'utiliser de manière efficace. Cela signifie qu'il est important de prendre soin de soi, de se reposer suffisamment, de manger sainement et de faire de l'exercice régulièrement.

Notre énergie varie au cours de la journée. Nous avons des moments où nous sommes plus concentrés et plus productifs. Et d'autres moments où nous sommes plus fatigués et moins productifs. Il est donc important de planifier ses tâches en fonction de son énergie.

- Il est préférable de réaliser des tâches difficiles ou exigeantes lorsque nous sommes les plus concentrés et les plus productifs.

- Il est conseiller de réaliser des tâches moins exigeantes lorsque nous sommes moins concentrés et moins productifs.

## Gérer son énergie

Planifier des moments de repos et de détente est nécessaire pour se ressourcer. Prendre des pauses régulières pour se lever, marcher un peu, respirer de l'air frais, ou même faire une petite sieste peut être bénéfique pour notre énergie et notre productivité.

En résumé, la gestion de son énergie est un élément clé pour améliorer sa productivité. Il est important de prendre soin de soi, de se reposer suffisamment, de manger sainement et de faire de l'exercice régulièrement. Notre énergie varie au cours de la journée. D'où la nécessité de planifier ses tâches en fonction de son énergie. Enfin, il est important de prendre des pauses régulières pour se ressourcer. En gérant efficacement son énergie, vous pourrez être plus productif et accomplir plus de choses.

# Chapitre 5 – Le temps est de l'argent : apprenez à le gérer efficacement

Nous savons tous que le temps est précieux, et que chaque minute compte. Cependant, il est facile de se laisser distraire et de perdre du temps. Dans ce chapitre, nous allons vous donner des astuces pour gérer efficacement votre temps et en tirer le meilleur parti.

Tout d'abord, il est important de planifier vos journées à l'avance. Cela vous permettra de savoir exactement ce que vous devez faire, et de vous organiser efficacement. Utilisez un agenda ou un outil de planification pour planifier vos tâches et vos rendez-vous, et assurez-vous de les respecter.

Il est également important de prioriser vos tâches. Commencez par les tâches les plus importantes et les plus urgentes, et travaillez ensuite sur les tâches moins importantes. Cela vous permettra de vous concentrer sur les tâches qui ont le plus de valeur pour vous, et de ne pas perdre de temps sur des tâches qui ne sont pas importantes.

Savoir dire non est absolument nécessaire. Il est facile de s'engager dans des projets ou des tâches qui ne sont pas importants, mais qui prennent beaucoup de temps. Apprenez à dire non aux demandes qui ne sont pas importantes pour vous, et à vous concentrer sur vos propres objectifs et tâches.

Le temps est de l'argent : apprenez à le gérer efficacement

Enfin, il est important d'apprendre à déléguer. Ne vous surchargez pas de travail en essayant de tout faire vous-même. Apprenez à déléguer certaines tâches à des collègues ou à des employés. Cela vous permettra de vous concentrer sur les tâches qui sont les plus importantes pour vous.

En résumé, pour gérer efficacement votre temps, il est important de planifier vos journées à l'avance, de prioriser vos tâches, de savoir dire non aux demandes qui ne sont pas importantes pour vous, et d'apprendre à déléguer. En suivant ces astuces, vous pourrez gérer efficacement votre temps et en tirer le meilleur parti. Sachez que le temps est précieux, alors utilisez-le de manière judicieuse. Et n'oubliez pas de prendre du temps pour vous, pour vous détendre et vous ressourcer.

# Conclusion

Nous avons discuté de différentes stratégies pour gérer efficacement son temps, comme planifier ses journées à l'avance, prioriser ses tâches, savoir dire non aux demandes non-importantes, et apprendre à déléguer.

En suivant ces astuces, vous serez en mesure de maximiser votre productivité et d'atteindre vos objectifs de manière efficace. Cependant, il est important de rappeler que chacun est différent et que ces stratégies ne conviendront peut-être pas à tout le monde. Il est donc nécessaire de les adapter à votre style de vie et de les tester pour voir ce qui fonctionne le mieux pour vous.

Enfin, n'oubliez pas que le temps est précieux. Il est important de prendre du temps pour vous détendre et vous ressourcer. Cela vous permettra de mieux gérer votre temps et d'être plus productif dans votre vie quotidienne. Nous espérons que cet essai vous a été utile et vous a donné des idées pour améliorer votre gestion du temps. N'hésitez pas à continuer à explorer différentes stratégies et à les adapter à votre propre style de vie.

# Notes

1 – La méthode Pomodoro est une technique de gestion du temps développée par Francesco Cirillo vers les années 1980.

2 – La méthode GTD (Getting Things Done) est une méthode d'organisation et de gestion des tâches mise au point par David Allen.

3 – La matrice d'Eisenhower fut conçue à la suite d'une citation de Dwight D. Eisenhower. Elle est un outil d'analyse et de gestion du temps. Elle permet de classer les tâches à faire selon leur urgence et leur importance.

# Table des matières